COMO VENDER
SOFTWARE
En mercados difíciles y
altamente competitivos

por

Antonio Garrido Caballero

> "El liderazgo es una ruta…
> la Venta Irreverente es una actitud"
>
> Antonio Garrido

COMO VENDER
SOFTWARE
En mercados difíciles y altamente competitivos

Copyright 2017 Antonio Garrido Caballero
Todos los derechos reservados.

La reproducción total o parcial de esta publicación, sin la debida autorización del Autor, está totalmente prohibida.

El Autor agradece su tiempo al leer este libro.

INDICE

PREFACIO

PRIMERA PARTE:
LA VIEJA ESCUELA DE VENTAS vs. LA VENTA IRREVERENTE
La Gerencia y los Ejecutivos de Ventas
Los Ejecutivos de Venta y los Clientes
ESTRUCTURA DE LA VENTA IRREVERENTE
La Personalidad Irreverente
Impredecible
Pragmático
Sin apegos
Nomenclatura focalizada
Velocidad y Sorpresa
Enfoque de La Venta Irreverente
Cuestione
Interprete
Exponga
Reconstruya

SEGUNDA PARTE:
PROCESO DE TRANSFORMACION EN LA VENTA DE SOFTWARE
Marco de Referencia
Recolección de Datos
Creación de la Información
De la creación del Conocimiento a la construcción de la Visión
La prueba de concepto (POC)

Concretando el Cierre

CANALES Y ASOCIADOS DE NEGOCIOS
    La Gerencia
    El departamento técnico
    La fuerza de Ventas
GRACIAS

PREFACIO

Cuando comencé a escribir este libro acerca de la venta de software, lo que me retuvo por un tiempo fue el hecho de que, aunque deseaba expresar mis experiencias durante 25 años vendiendo software a lo largo y ancho del continente, no quería que fuese "un libro más" que se asemejara a un manual de cómo hacerlo paso-a-paso.

Hay literalmente, miles y miles de libros que hablan de metodologías de ventas, procesos de ventas, diagramas de procesos de ventas, para que el lector escoja.

Yo quería presentar algo diferente. Porque realmente la venta de software es diferente. Porque el mercado es muy dinámico y cambiante y el perfil del vendedor no podía ser el mismo, ni tampoco podía seguir presentando una personalidad al estilo del camaleón, que cambiaba según el ambiente donde se encuentre. Definitivamente, yo sentía que el vendedor de hoy debía tener una personalidad definida en liderazgo, objetividad, y basada especialmente en la rentabilidad.

Tampoco quería escribir páginas tras páginas sobre las estructuras y diferencias entre los diferentes modelos de negocios, léase software como servicio (SaaS, por su siglas en inglés), licencias perpetuas, etc. Para ello ya existen también miles y miles de libros que lo explican.

Realmente con este libro yo quería, primero, llegarle a la fibra de vendedor que todos llevamos por dentro para disparar una necesidad de transformación, entendiendo que el cambio del modelo tradicional de ventas no solamente era necesario sino crítico para una gestión exitosa en el mundo de la tecnología, y su mercado. Lo que implicaba no una restructuración de los procesos o metodologías de ventas sino un profundo cambio en la propia personalidad y estilo del vendedor y la forma en que era percibido por sus clientes, colegas y amigos.

Es por eso, que decidí, dividir este libro en dos partes:

La primera, exclusivamente focalizada en la transformación necesaria de la personalidad del vendedor para ser exitoso en el mercado de hoy.

Así fue como, nació el concepto de LA VENTA IRREVERENTE.

Los lectores encontraran en la primera parte de este libro, una descripción del ambiente, las emociones, y reglas tradicionales de ventas a las que el propio vendedor esta expuesto y, sin darse cuenta, comienza a rechazar pasivamente.

Seguidamente, encontraran una descripción más disciplinada de lo que es LA ESTRUCTURA MENTAL

DE LA VENTA IRREVERENTE, y su MARCO DE TRABAJO.

En la segunda parte, los lectores encontrarán una introducción a lo que ha sido mi propio PROCESO DE TRANSFORMACION DE VENTAS de software. Un modelo sencillo, para transformar una oportunidad de negocios en una exitosa venta de software.
Este proceso está compuesto de dos ciclos:

CICLO DE EXPLORACION, en el cual buscamos detectar la presencia/ausencia de componentes básicos para usar en nuestro proceso de ventas.

CICLO DE TRANSFORMACION, en el cual usamos todos los componentes relevantes encontrados en nuestro Ciclo de Exploración, que nos permite transformar los DATOS recolectados en INFORMACION, la cual utilizamos para formar EL CONOCIMIENTO requerido con que construimos la VISION necesaria que haga disparar una ACCION de parte de nuestro cliente que nos permita cerrar exitosamente la oportunidad.

Este libro le permitirá conocer y evaluar los detalles para dar el salto de la "Escuela Tradicional de Ventas" a una nueva "Escuela de Pensamiento", más moderna, dinámica y especialmente más rentable.

Este cambio le permitirá transformar su estilo y personalidad en un liderazgo visionario.

ATREVASE A SER EXITOSO!

PRIMERA PARTE:

LA VIEJA ESCUELA DE VENTAS vs. LA VENTA IRREVERENTE

Durante muchos años, las empresas han mantenido una exploración constante sobre cómo llegar al mercado con su productos de Software.

El cambio drástico que ha traído la llegada de las aplicaciones en la nube, ha complicado el panorama para la mayoría de ellas, sobre todo para las pequeñas empresa que apenas comienzan con una idea convertida en una solución de software.

Igualmente , por su parte, los clientes, están tratando de asimilar el profundo cambio con que este nuevo elemento impacta en la forma de comercializar el software y las consecuencias que trae para ellos.

La "Nube" llegó para cambiar las reglas del juego. Pero al mismo tiempo ha abierto las puertas a la entrada de nuevos competidores a un mercado, a quienes antes les era muy costoso y que ahora los pone al mismo nivel de sus grandes competidores tradicionales.

Las empresas y sus Ejecutivos de Ventas han comenzado a sentir la necesidad no solo de un cambio en los métodos tradicionales de ventas, sino más bien el de un salto a una nueva "escuela de pensamiento" que les permita incorporar nuevos conceptos, modificar criterios en los procesos y metodologías de ventas, en pocas palabras, aumentar su efectividad en la venta y disminuir las ineficiencias en los procesos de ventas que en la "venta tradicional" eran consideradas parte del costo de la venta misma.

Este cambio comienza en el Vendedor. La reinvención de su personalidad como ejecutivo de ventas ante esta nueva dinámica de mercado.

Muchas paginas se han escrito acerca de procesos y metodologías de ventas. Miles de libros abarrotan los estantes de librerías físicas y virtuales, que afirman que el seguimiento de tal o cual metodología, convertirá al lector, sin ninguna duda, en una estrella de ventas

Personalmente estoy muy de acuerdo en que el Ejecutivo de Ventas debe seguir un proceso de Ventas que le permita construir la visión necesaria para que su cliente logre visualizar el alcance de la solución que está presentando. Eso es un concepto básico y válido que heredamos de la vieja "Escuela de Ventas", pero que con la realidad de mercado que hoy enfrentamos, es sólo…una parte de la solución.

Cuando estaba decidiendo cuál iba a ser el título de este libro, tenía dos opciones: "*LA VENTA IRREVERENTE*" o "Cómo vender *SOFTWARE en mercados difíciles y altamente competitivos*". Me gustaba mucho el primero, pues lo que el lector más leerá a través de las páginas de este libro es la palabra IRREVERENCIA. Pero, IRREVERENCIA PROFESIONAL.

Definamos un poco lo que queremos decir con esto. Generalmente, IRREVERENCIA se entiende como la falta de respeto por algo o alguien. Para los efectos de este libro, cuando hablamos de IRREVERENCIA PROFESIONAL, nos referimos al "coraje para retar conceptos, procesos y regulaciones que han estado establecidos tradicionalmente por años, y se han convertido en una parte esencial de una relación personal, profesional o de negocios".

Veamos un poco el desarreglo y las relaciones disparejas de un mercado en transición : Un mercado nuevo con la vieja escuela de ventas.

La Gerencia y los Ejecutivos de Ventas

Aquí encontramos la primera y gran diferencia entre la "Vieja Escuela de Ventas" y "La Venta Irreverente".

El objetivo principal de un ejecutivo de ventas es estar siempre en control del proceso de ventas en el que se encuentra su cliente y la necesidad de sentir que está capacitado para lograr lo que la empresa espera de El.

Por eso la imperiosa necesidad de que se les dé el suficiente espacio para maniobrar y desplegar todo el arsenal profesional que poseen para que puedan lograr estos objetivos.

La Venta Irreverente ve las cosas desde un punto de vista diferente, pues parte de la base de que el ejecutivo de ventas está capacitado para lograr sus objetivos (Si no lo estuviera, qué hace en un puestos de ventas?) y por eso debe ser el epicentro que genera la onda de Ventas, los ingresos principales de la empresa, y todo lo demás debe girar alrededor de su gestión. Los resultados deben ser su carta de presentación.

En el arreglo disparejo de un mercado cambiante y una fuerza de ventas utilizando una "Vieja Escuela de Ventas", encontramos algunos de sus orígenes en la relación entre una Gerencia con un estilo conservador y una fuerza de ventas que, sintiendo la presión de un mercado dinámico y cambiante, lucha por quitarse la camisa de fuerza impuesta por los métodos tradicionales de ventas.

En mis seminarios de La Venta Irreverente he encontrado preguntas que los propios vendedores se hacen pero, aunque intuyen la respuesta, no se atreven a dejar salir a su "personalidad irreverente" por temor a poner en peligro su estabilidad laboral.
He aquí alguna de las situaciones y mis recomendaciones:

- Si usted es un Ejecutivo de Ventas y su Gerente le quita mucho tiempo requiriendo su atención, recomiéndele que se abra un "Club de Fanáticos" y que lo deje a usted concentrarse en las ventas para lograr los resultados esperados.

- Si su Gerente constantemente quiere decirle cómo hacer su trabajo de ventas (estilo micro gerencial), simplemente recomiéndele que se ahorre el salario que le paga y que lo haga El mismo. Usted ha sido contratado para lograr objetivos de ventas concretos, no para ser una "Marioneta" de su gerente.
- Igualmente, y como una aclaratoria al punto anterior, Si usted como ejecutivo de ventas necesita constantemente de la orientación de su gerente para cerrar oportunidades de negocios, es muy probable que su Gerente no lo necesite a usted para cubrir ese puesto de ventas.

Sin embargo, después de haber dicho lo anterior, también debo señalar, de nuevo, lo que dije anteriormente, La Venta Irreverente asume que usted está capacitado para ejercer efectiva y eficientemente su función de ventas, si no fuese así le recomiendo que vaya inscribiéndose en ese "Club de Fanáticos" que le recomendó a su gerente abrir y que aprenda a aplaudir y a reírse de sus bromas de mal gusto.

El ejecutivo de ventas de hoy, necesita ser profesionalmente irreverente. Necesitan tener un coraje a toda prueba y una personalidad recia para cuestionar y retar paradigmas que han estado en uso por años tanto en la empresa donde trabajan como en el mercado donde se desempeñan.

Deben imprimir su marca profesional en cada paso que dan, en cada venta que hacen, en cada relación de negocios que establecen, de manera que puedan dejar marcado su estilo profesional en cada situación.

Cuál es el punto en imitar el estilo profesional de otra gente, o personalidad, aun cuando sean muy exitosos?.

No estoy diciendo que no se debe aprender de casos de negocios o de otras experiencias de colegas. Lo que quiero decir es que cada ejecutivo de venta necesita desarrollar su propio estilo. Necesita SER ORIGINAL. Las copias siempre son baratas y de baja calidad.

Los Ejecutivos de Venta y los Clientes

La gente compra de gente que percibe original y que, con su cabeza en alto, prueba sus argumentos. Sin embargo, en un mercado en desarreglo, mal acostumbrado a las prebendas otorgadas por la "Vieja Escuela de Ventas", nos encontramos con mucha frecuencia con estilos gerenciales dentro de nuestros clientes que todavía habitan en un concepto de relación de negocios que ya no existe o que está desapareciendo. Estos "Fantasmas Gerenciales" no hacen sino entorpecer la labor de ventas del ejecutivo de ventas, pues su principal objetivo es alimentar su vanidad más que buscar resolver una necesidad con el producto que se le ofrece.

En muchas oportunidades el Ejecutivo de ventas, encuentra un Cliente que se reúsa a hablar con un "Vendedor" y q solo hablaría con la alta gerencia de la compañía. Este "Gerente fantasma" sólo esta más interesado en ser importante que en ser útil.

Aquí es cuando el ejecutivo de ventas necesita echar mano de su "irreverencia profesional. No debe perder tiempo con este tipo de "Prima Donna" sino que debe apartarse de su influencia y buscar nuevos caminos y contactos efectivos.

La clave para ser un ejecutivo de ventas exitoso, no es encontrar un objetivo fácil para disparar, sino más bien encontrar dónde disparar dentro de ese objetivo.

ESTRUCTURA DE LA VENTA IRREVERENTE

La Personalidad Irreverente

Usted necesita estar consciente de sus acciones y reacciones. Es por eso que debe cultivar los 5 rasgos críticos que necesita incorporar a su personalidad, para que su nuevo "YO" pueda emerger a definir su estilo. Este nuevo "YO" le permitirá dominar el marco de trabajo de LA VENTA IRREVERENTE.

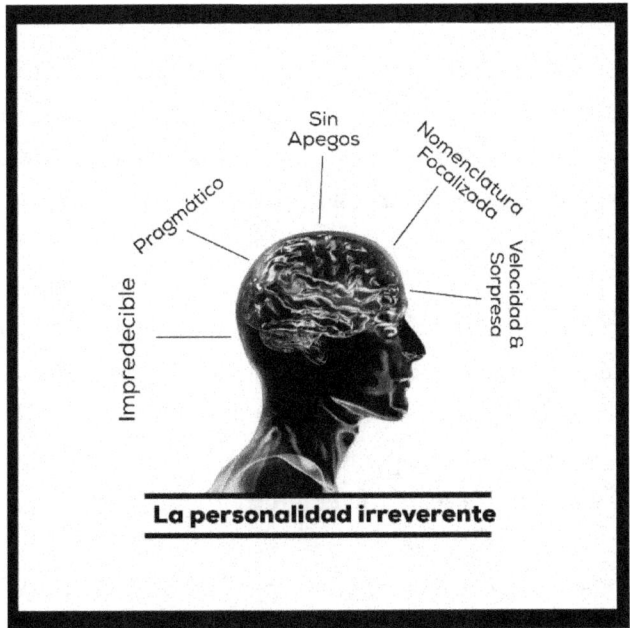

Fig.1

Este proceso de eliminación de su viejo "YO", también incluye cuestionar y desafiar comportamientos que han sido considerados socialmente aceptables y procesos tradicionales considerados políticamente correctos en el mundo de los negocios.

Ya usted no va a seguir esas reglas más. Usted va a construir sus propias reglas, a definir las acciones a tomar y a liderar el cambio.

Porqué? Porque usted necesita convertirse en un tsunami de cambios en cada negocio o relación que comience, si usted esta decidido a tomar el control y eso no lo podrá hacer con una personalidad suave, complaciente y dócil.

Su presencia misma debe enviar un mensaje de éxito, liderazgo, y sabiduría. Estas son la cualidades que las personas buscan en un líder cuando están operando fuera de su zona de confort, y desean volver a terrenos seguros.

Usted está construyendo una PERSONALIDAD IRREVERENTE. Pero, permítame aclarar este concepto, de manera que usted y yo manejemos la misma definición.

IRREVERENCIA generalmente se refiere a la "falta de respeto" por algo ó alguien.

Para los efectos de este libro, al referirnos a IRREVERENCIA nos referimos a la habilidad y el coraje para desafiar procesos, hábitos, y comportamientos que constituirían las bases o fundaciones de lo políticamente correcto.

La tradición es un buen ejemplo de estas bases.

Impredecible

En el proceso de construcción y transformación de su nueva "Personalidad Irreverente", uno de los principales objetivos es que nadie pueda leer sus movimientos, ó anticipar sus acciones. Cuando usted es "predecible" se convierte en una marioneta de sus competidores, colegas y amigos.

La predictibilidad lo convierte en una blanco fácil pues por cada movimiento que sus competidores, colegas y amigos hagan, ya ellos sabrán con anticipación cuál será su respuesta o su reacción. Usted estará exhibiendo un comportamiento de "Marioneta", es decir, por cada hilo que sus competidores, colegas o amigos halen sabrán que movimiento esperar.

Uno de los principales objetivos de la Venta Irreverente es lograr que sus competidores operen fuera de su zona de confort, y cuando ellos están en capacidad de predecir sus movimientos ellos están operando dentro de su zona de confort otra vez. Están de nuevo en "el asiento del conductor".

Cuando usted es impredecible, la gente no puede "leer" fácilmente sus acciones o reacciones y por ende no pueden estar preparados para responder a su estrategia al no poder decodificar sus movimientos.

Una personalidad impredecible le da una ventaja en cualquier terreno o situación.

Por ejemplo, en su trabajo su gerente lo pensará muy bien antes de terminar su relación con la empresa pues no sabe si usted se irá directamente a la oficina de su competidor con su portafolio millonario de clientes.

La empresas hoy en día saben que la predictibilidad es una ventaja que no se pueden arriesgar a perder con un empleado, un asociado de negocios o un cliente. Es por eso que han diseñado innumerables documentos como pre-requisito para trabajar con ellos, sea de empleado, asociado de negocios o cliente.

Todo lo que están buscando con esto es asegurarse una forma de predecir los movimientos que estos hagan para proteger sus operaciones.

Un buen ejemplo, es que como una práctica común, los empleados son obligados a firmar "acuerdos de no competencia", el cual les impide ofrecerle a sus competidores, la experiencia y experticia acumulada por el trabajador a lo largo de los años. Esto le permite a su empleador "Predecir" la limitación de sus movimiento en el momento en el que el empleado ya no se considere de "utilidad" para la empresa.

En cuanto a los Asociados de Negocios, estos se les requiere firmar acuerdos de asociación con la empresa, que limita las acciones del asociado de una forma conveniente para la empresa a la cual se está asociando.

En pocas palabras, las empresas limitan con estos acuerdos de asociación, el espacio para maniobrar que tengan estos asociados. Al no tener este control, estas empresas estarían operando fuera de su zona de confort. El objetivo es tener la suficiente predictibilidad sobre sus socios y clientes.

Moverse impredecible e inesperadamente, siempre nos pone en una posición ventajosa para ganar la batalla por el negocio de nuestros clientes.

Dentro de la zona de confort, todos pueden pensar claramente y sin presión. Esto le otorga convenientemente "tiempo", sin que haya amenazas o peligros contra la operación del negocio o la negociación.

Cuando usted logra que todos operen fuera de la zona de confort, ser impredecible es la clave, las reglas se vuelven difusas, la presión aumenta rápidamente y usted tiene la oportunidad de tomar el control del asiento del conductor, servida en bandeja de plata.

Ser impredecible es un factor clave en su nueva personalidad, el cual estará directamente relacionado con sus posibilidades de éxito. Recuerde siempre que usted es dueño de lo que se guarda y esclavo de lo que transmite.

Enmarcado dentro de esta estrategia, en nuestro comportamiento habitual debemos estar enviando señales equivocadas a nuestros competidores, con tanto detalle como podamos, porque ellos actuarán en base a esa información lo cual los llevará a una falsa zona de confort al suponer que están en control de la información, lo que le otorga a usted el espacio necesario y requerido para moverse hacia su objetivo real.
Nunca permita que nadie pueda leer sus movimientos, sólo permítales leer los movimientos que usted quiere que ellos lean.

La NO PREDICTIBILIDAD es la cualidad clave y debe ser una de sus reglas de oro en su Personalidad Irreverente.

Pragmático

El factor tiempo es un componente esencial y escaso. Cuando miramos a nuestro alrededor todos los procesos que la humanidad ha establecido, toman como base el tiempo como la medida primaria.

No sólo es importante sino crítico que en su transición de ser un "seguidor" a convertirse en un "Líder", logre incluir el pragmatismo como regla natural en todo lo que hace.

Usted no sólo necesita reconstruir su personalidad para obtener resultados inmediatos, sino que también necesita enviar un mensaje claro sobre la misma a sus clientes, colegas y amigos. Especialmente, el mensaje debe ser el hecho de que usted no pierde tiempo en negociaciones estériles que sólo retardarán los resultados esperados.

Usted no va a explorar cuál es el camino más rápido al éxito. EL ÉXITO ES USTED!.

Por ejemplo, durante los muchos años que trabajé como Ejecutivo de Ventas para diversas empresas en el área de software, nos enviaban a una cantidad innumerable de cursos sobre negociaciones, técnicas de negociación y estilos de negociación.

Cuando regresábamos a nuestro país, intentábamos aplicar todas estas técnicas, y estilos sólo para alargar aún más el ciclo de ventas de las oportunidades, a tal punto que muchas de ellas nunca se cerraron exitosamente. Sólo nos hizo perder un tiempo precioso que hubiéramos podido dedicarle a otras oportunidades con un estilo más pragmático.

Redefinir su estilo con el pragmatismo como bandera es primordial.

Un buen ejemplo es el caso cuando nos encontramos en el cliente al momento de la publicación de precios.

Yo siempre me he asegurado durante un proceso de ventas que el mensaje de "pragmatismo" le llega a los que toman la decisión, es decir, les transmito mi mayor respeto por el tiempo que nos dedican al igual que agradezco el mismo respeto por el tiempo que mi equipo y la organización han dedicado para presentar una solución coherente, y ajustada a sus necesidades y es por eso que ni la empresa ni yo nos guardamos ninguna carta bajo la manga al momento de hablar de precios.

Nosotros no nos involucramos en negociaciones de precios pues nos aseguramos que nuestro mejor precio es siempre el primero que ofrecemos. Primero, porque es una perdida de tiempo para ambos lados y segundo, mostraría que nuestra empresa esta tratando de determinar cuanto dinero mas puede sacarle al cliente.

Nuestro enfoque es diferente y nuestra presentación clara. Hemos hecho nuestra tarea en determinar las necesidades del cliente y cómo resolverlas con lo(s) producto(es) que vendemos para ofrecer una solución que sea óptima para el cliente y rentable para nuestra empresa.

Podría, a primera vista, parecer una posición arrogante, pero cuando lo vemos los detalles nos daremos cuenta que no lo es.

Qué podría pensar el cliente si después de que usted le ha ofrecido un precio por su solución en su propuesta de negocios, en una segunda reunión le otorga un 10% de descuento? Es muy probable, que su cliente posponga su decisión para una tercera reunión pensado que podría sacarle un 10% 0 incluso un 20% de descuento adicional.

Al final de todo esto, usted y su equipo se están ganando una reputación de que siempre se guardan una carta bajo la manga, y su cliente siempre buscará esa carta aunque usted no la tenga.

Que pasaría si usted traza la línea y marca los límites desde el principio? Usted cree que esto lo haría perder el negocio? NO! Y si pierde el negocio por lo menos esta evitando perder dinero en ese negocio.

Si usted y su equipo ha hecho su trabajo, han seguido un proceso de ventas para construir la visión necesaria que incluya sus productos, su cliente sabrá que tiene *una y solo una* oportunidad con usted, y le garantizo que El no estará dispuesto a perderla.

Yo he estado en negociaciones en que el cliente se ha levantado de la mesa, cuando aplicamos este enfoque, pero después que hemos revisados todos los componentes involucrados en la estructuración y cierre de la venta, nos hemos dado cuenta que han podido pasar dos cosas:

1. En algún momento durante nuestro proceso de ventas hemos perdido la atención del cliente mientras construíamos la visión de la solución que incluyera nuestro producto, lo que requeriría que revisáramos cada paso del proceso e

involucráramos de nuevo al cliente desde el momento en que perdimos su atención.
2. El cliente quiere llevarnos a un campo de batalla donde El controle las reglas y dispare las acciones. Un buen ejemplo de esto es cuando el cliente intenta llevarnos a un proceso de desgaste enfrentándonos a competidores con un menor precio.

Esta segunda posibilidad es un juego que desgasta a todos y nos hace perder un tiempo precioso. Un juego en el que todos los participantes pierden dinero con excepción del cliente.

La "Vieja Escuela de Ventas" nos diría que debemos involucrarnos en ese juego y tratar de ganarlo a toda costa, pues si "nosotros no lo hacemos la competencia lo hará". Pues bien, si sus competidores están en el negocio de perder dinero en cada negociación…usted NO.

Usted está allí para presentar una solución profesional, que resuelva aspectos críticos de los procesos de negocios involucrados a un precio que le permita mantener niveles óptimos de servicios y al mismo tiempo que le permita ganar dinero en la transacción. Esto lo debe entender su cliente MUY bien.

Es simplemente lograr educar a nuestro cliente pero al mismo tiempo lograr que jueguen con nuestras propias reglas, no las reglas impuestas por alguien más, pero hablaremos de esto más adelante en este libro.

Esta sección es acerca de la transformación personal que le permitirá liberarse de su antiguo y complaciente "YO", para convertirse en un ejecutivo líder y visionario con una actitud arrolladora que arrastra y empuja fuertemente para moverse hacia delante y obtener los resultados deseados YA!

Sin apegos

Hay un dicho Budista que reza:

El apego es el origen de nuestros sufrimientos

No es mi intención entrar en conceptos religiosos en este libro, pero me gustaría traer en el contexto de este libro el significado de esta frase.
Mientras vamos a lo largo de nuestra vida personal o profesional, llevamos con nosotros un equipaje donde vamos metiendo cosas que son ó han sido importantes para nosotros en algún momento o situación en nuestra vida. Muchas de estas cosas (Emociones, situaciones, relaciones, tradiciones, etc.) se remontan a nuestra niñez y aunque fueron útiles en su momento ya no nos son de utilidad en nuestra vida presente pero sin embargo las seguimos llevando, dejando que influencien nuestras acciones y reacciones.

Usted necesita deshacerse de ese pesado equipaje. Saque de su mente las cosas viejas para hacer espacio para las cosas nuevas y para nuevas realidades. Recuerde que en el nuevo estilo de su personalidad irreverente usted no está atado a nada ni a nadie que no contribuya a sus metas y objetivos personales y/o profesionales.

Cuando usted se dispone a perseguir nuevos objetivos en su vida, usted sabe que en el proceso de conseguir esos nuevos objetivos, usted tendrá bajas. No se quede viviendo en los recuerdos de lo que perdió o a quienes perdió. Reconózcalos como bajas, y muévase hacia adelante.

Apegarse a una oportunidad de negocios que usted pensaba que ya estaba ganada pero que al final perdió, no lo ayudará a ganar la próxima oportunidad de negocios. Sólo lo retardará en su camino al éxito.

Analice las causas, la gente y las acciones. Deshágase de la gente que contribuyó a la pérdida. Es muy probable que ellos necesiten aprender de esta situación, pero son ellos quien deben encontrar su propio camino al aprendizaje. Usted no es un camino para el aprendizaje. Usted es un camino al éxito y como tal, necesita gente a su lado que contribuya con experiencia, y dedicación a obtener los resultados deseados.

Usted es un disparo hacia el éxito.

Cuando usted es un Ejecutivo de Ventas, usted tiene sus propios problemas, cuando usted es un gerente tiene, adicionalmente a sus problemas, los problemas de los que usted dirige.

Este libro no es para Gerentes de Ventas, es para Ejecutivos de Ventas.

Usted debe construir su nueva personalidad alrededor de <u>*un y solo un*</u> objetivo: Su éxito.

Algunos colegas en mis seminarios me han preguntado, cómo explico entonces el concepto de "Trabajo en Equipo". Es una pregunta muy válida. Mi respuesta siempre ha sido que "usted no puede ver el bosque cuando está debajo de un árbol".

Usted no es parte de un equipo. Usted es el líder de un equipo. Ellos esperan de usted "Conocimiento", "Dirección", y "Sabiduría". Usted no puede pretender conducir un vehículo y ser el pasajero al mismo tiempo.!

ESTO NO SIGNIFICA QUE USTED ES UN GERENTE. Usted no esta allí para resolver los problemas del equipo que lidera. Usted sólo integrará gente con la experiencia requerida, y con la fortaleza mental que necesita para alcanzar su objetivo.

Usted está actuando SOLO, estructurando el equipo ganador, y cada uno de ellos debe integrase y contribuir al objetivo común. NO SE ACEPTAN PASAJEROS GRATIS!.

Estar orientado al éxito implica que usted sólo estará apegado a situaciones, y/o gente que lo ayude a ganar terreno para lograr su objetivo. Cualquier otro apego que deje colar en los componentes de su equipo, sólo será una receta para el desastre.

Un claro ejemplo lo encontramos en el juego de ajedrez. Todos los jugadores están allí para ser usados en el momento oportuno siguiendo su propia estrategia. Su Objetivo es ganar el juego. Conquistar el Rey. Usted sabe que tendrá bajas en el juego sea por error ó por estrategia. Usted no puede comprometer el juego por llegar a un final con todos los jugadores intactos. Eso es deseable, pero no es lo común.

Es muy probable que su juego termine sólo con usted y un Rey en Jaque-mate.

Mi punto es que se debe reconocer las pérdidas e incluso quienes por acción u omisión contribuyeron a la derrota, pero no deje que los apegos personales o profesionales lo detengan.
Su misión ha sido cumplida.

Así que me permitiré reestructurar la frase Budista a la hice referencia al principio:

> *"El apego es el origen de todas nuestras equivocaciones"*

Nomenclatura focalizada

El hecho de que usted pueda hablar, no significa que usted se pueda comunicar.

Es bien conocido el hecho de que cuando hablamos, inconscientemente, emitimos mensajes subliminales que expresan nuestros pensamientos, sentimientos, y emociones más secretos los cuales podrían, y en la mayoría de los casos pueden, poner en peligro nuestras estrategias, sean estrategias con sentido personal o profesional.

Es muy importante que usted preste mucha atención en la forma en que generalmente se expresa y las frases que utiliza, pues estas impactarán directamente en la construcción de la visión que sus clientes percibirán de sus productos, servicios e incluso de su propio perfil profesional.

El ser humano está en una constante comunicación, hablando, gesticulando ó simplemente de pié o sentado calmadamente. La gente a su alrededor está igualmente en una constante decodificación de sus movimientos y mensajes subliminales para proceder en consecuencia.

Usemos algunos ejemplos para ilustrar este punto. La mayoría de nosotros en ventas, utilizamos un proceso de ventas para asegurarnos que estamos en control de nuestras oportunidades de negocios y que llevamos al cliente de la mano en la construcción de esa visión de negocios.

De nuevo, por estos días, no es difícil transformar una oportunidad de negocios de un 5% con probabilidad de cerrarla exitosamente a un 90%, simplemente siguiendo un proceso de ventas. Hablaré mas sobre los Procesos de Ventas en la segunda parte de este libro.

Sin embargo, hasta el más experimentado ejecutivo de ventas en el uso de un proceso de ventas, las cosas se le van de las manos inesperadamente, sin que se puedan explicar porqué.

Pero al observar detalladamente sus comunicaciones con los clientes, nos damos cuenta de la poca atención prestada al vocabulario ó lo que yo llamo la "Nomenclatura Focalizada" usada en el proceso de comunicación con sus clientes.

Porqué la mayoría de los procesos de ventas se detienen cuando hablamos de precios, por ejemplo? Aún cuando el ejecutivo de ventas se haya asegurado de mostrar el valor agregado que su propuesta presenta, el cliente parece que está siempre dispuesto a pedir más descuento, sin importarle lo que se le ha mostrado en la solución. Este divorcio entre los precios y el valor agregado presentado en la solución al cliente, ha sido creado por el ejecutivo de ventas mismo. Ellos mismo se han referido a esta etapa del proceso como "Negociación de Precios"

Esta frase envía automáticamente un mensaje al cliente que el precio que se les dará puede ser negociado, pues sino fuese así, para qué estaría el ejecutivo de ventas en una reunión de negociación de precios?

Qué hay de malo en llamar a estas reuniones "Presentación de precios" en vez de "Negociación de Precios"?. Los mensajes enviados por estas dos frases son diametralmente opuestos.

Cuando se usa la frase de "Presentación de Precios" se está poniendo al cliente en una posición de espectador y cuando se usa la frase de

"Negociación de Precios" se está poniendo al cliente en una posición de negociador

La frase "presentación de Precios" le da la ventaja de continuar con su proceso de ventas, sin que haya una separación entre éste y los precios asociados, Le dará el suficiente espacio para resumir la visión de la solución, sus costos y los ahorros logrados a través de su implementación.

Cuando usted trae a su cliente a una reunión de "Negociación de Precios" le esta desviando la atención del poderoso valor agregado de la solución que usted le está ofreciendo, para enfocarla en una visión reducida que sólo incluye Dólares y Centavos, lo que hace que usted y su equipo pierda todo el esfuerzo que han hecho para al construir la visión requerida como parte importante del proceso de decisión.

La "Nomenclatura Focalizada" es un rasgo importante de su "personalidad Irreverente". Puede enviar mensajes de sus fortalezas pero también puede poner al descubierto sus debilidades.

Frases como, "A veces podemos...", "Generalmente lo que hacemos es...", envían claros mensajes al cliente de que aunque usted

está diciéndole las condiciones y reglas, éstas se podrían doblar, saltar y hasta romper para tratar de complacerlo y ganar la oportunidad de negocios.
Hay que recordar que usted está siempre tratando de mantener la oportunidad dentro de un marco de acción que siga su proceso de ventas, el cuál pondrá al descubierto ineficiencias y oportunidades para mejorar los procesos de negocios de su cliente, cualquiera que estos sean.
Usted NO está allí para ganar un concurso de popularidad!.

Una personalidad complaciente no le va a servir de nada para ganar la oportunidad, al contrario, arruinará su oportunidad al enviar una imagen profesional de un ejecutivo de ventas, sumiso, opaco, quien estaría dispuesto de ir aún en contra de su propia empresa para complacer al cliente.

Nadie quiere ser asociado como un "Traidor", y así es como será usted catalogado, créalo.
Los Ejecutivos de Nivel "C", prefieren enfrentarse a vendedores duros y efectivos que exponen sin tapujos, todo lo que se puede mejorar y a quienes se puede mejorar, para operar

de una manera más eficiente y efectiva, que a un ejecutivo de ventas simpático y carismático que los hace reír y sentirse cómodos pero en quien no pueden confiar.

La Venta Irreverente es para ejecutivos de Ventas que están dispuestos a sacudir el piso y hacer temblar los mas arraigados principios, si estos estuviesen ineficientemente, para presentar una solución innovadora, y moderna.

Si usted sólo quiere complacer a sus clientes, hágase un favor…cambie de profesión…

SEA UN COMEDIANTE!

Velocidad y Sorpresa

Cuando Cassius Clay (También conocido como Muhammad Ali) decía que para ser un ganador en boxeo se necesitaba: "Volar como una mariposa y picar como una avispa", estaba reconociendo el hecho de la efectividad de la velocidad y los golpes sorpresa.

Igualmente, Napoleón Bonaparte, construyó su reputación en las artes militares, entre otros atributos, a la velocidad con que movía sus tropas hacia sus enemigos para atacarlos sorpresiva e inesperadamente.

Cuántas veces usted ha pensado acerca de una idea o proyecto, sólo para descubrir que alguien más lo ha patentado o lo ha puesto en práctica exitosamente? Pues bien, mientras usted estaba muy ocupado "pensando" en su idea/proyecto, alguien más estaba también ocupado actuando y poniendo en práctica esa misma idea.

Cuando usted tiene una idea, un plan, debe proceder rápidamente con el proceso que requiera para poder implementarla a la mayor brevedad posible. Hay 7.5 billones de habitantes en la tierra, todos con capacidad de pensar (lo hagan o no), y una de las mayores diferencia entre los que son exitosos y aquellos que no, es la VELOCIDAD con que actúan los primeros, mientras que los segundos sólo piensan en lo que podrían hacer.

No le dé la oportunidad a sus competidores de pensar, reagruparse y reaccionar.

En el mundo de los negocios usted se mueve a la velocidad de su conocimiento e información. Mientras más conocimiento e información tengo sobre sus competidores, más rápido se podrá mover para ganar la oportunidad

La velocidad es lo que hace la diferencia para alcanzar el éxito, la sorpresa es lo que inhabilita a sus competidores.

No importa qué tan brillante sea su estrategia ó que tan inteligentemente haya logrado distraer a sus competidores, si usted no ejecuta sus acciones a la velocidad de un rayo, usted con seguridad perderá toda la ventaja, que su imaginación y creatividad le hayan podido otorgar.

Un ejecutivo exitoso, toma al mundo por sorpresa. Usted necesita estar en todos lados, en cualquier lado. Como decía Muhammad Ali:

"VUELE COMO UNA MARIPOSA…Y PIQUE COMO UNA AVISPA"

Sus competidores nunca sabrán por donde les llegó el golpe.

Enfoque de La Venta Irreverente

Fig. 2

Cuestione

Todo ejecutivo de ventas que use el enfoque de la Venta Irreverente, no puede entrar a la oficina de su cliente usando la VIEJA ESCUELA DE VENTAS paso-a-paso.

Los clientes, simplemente, no tienen tiempo para escucharlo decir qué tan buenos son sus productos o servicios o qué superior es cuando se compara con sus competidores, ó en algunos casos, que tipo tan simpático es usted.

Cuando usted está en frente de su cliente, usted debe asumir que:

- Hay ineficiencias en los procesos internos y/o externos que pueden ser mejorados.
- Hay empleados que actúan como "pasajeros gratis" y deben ser expuestos.
- Hay gerentes fantasmas (aquellos que viven en el presente pero que operan con reglas del pasado), que están más interesados jactarse hablando hasta la saciedad acerca de su posición en la empresa, que el valor intrínseco que su gestión pudiese aportar a la empresa.

Usted está allí para "cuestionar" todo o que ve y lo que oye. Por supuesto, en esta etapa, usted no le debe mencionar nada a su cliente, a menos que quiera ser despedido con una inesperada patada en el trasero que termine con su oportunidad de negocios. En todo caso, usted debe ser un signo de interrogación ambulante. Para todo lo que escucha ó ve debe haber un porqué, que se debe interpretar dentro del contexto del negocio.

Recuerde que no hay modelos de ***negocios perfectos***, siempre hay lugar para mejorar. Si no fuese así, para que querría el cliente perder el tiempo con usted, teniendo procesos de negocios perfectos", ó qué hace usted en un cliente donde no hay nada que mejorar?

En la sección donde hablo del Proceso de Transformación de Ventas, explicaré cómo en 4 pasos sencillos usted puede descubrir, exponer y construir una visión la cuál su cliente estaría muy interesado en escuchar.

Interprete

El segundo paso en el enfoque de la Venta Irreverente es INTERPRETAR. Esta interpretación debe incluir cada realidad encontrada, cada falla y cada empleado ó ejecutivo que está obstruyendo las mejoras en los procesos de la empresa.

En este paso, el objetivo es no dejar absolutamente nada bajo las piedras, que no sea incluido dentro del análisis que usted está interpretando.

Es bueno tener en mente que dentro desde el enfoque de La Venta Irreverente funciona mejor cuando su cliente está operando o está bajo la impresión de que está operando fuera de su zona de confort, porque se da cuenta que la operación le está costando más de lo que pensaba por las razones que usted está exponiendo ó porque usted logró enfocar la atención de su cliente en procesos más eficientes o Tecnologías para hacerlo más eficiente que las que actualmente están usando.

Tenga en cuenta que los "Pasajeros Gratis" y los "Gerentes Fantasmas" pelearán con usted hasta la muerte para evitar poner en peligro sus cargos, pero no se preocupe por eso, ya el hecho de que estén tratando de bloquear su trabajo es una buena señal de que ha logrado sacarlos de su zona de confort y los ha traído a su propio campo de batalla, que es donde usted impone las reglas y dispara las acciones.

Escoger su campo de batalla es más importante que escoger sus batallas.

Cuando usted escoge su campo de batalla, puede incluso pelear con desventaja y todavía tendría una alta probabilidad de ganar.

Cuando usted deja que su oponente ó su cliente lo lleve un campo de batalla diferente, no importa que tan preparado esté usted para la pelea, usted siempre tendrá una alta probabilidad de perderla porque usted, ni pone ni controla las reglas. Es simplemente relegado al asiento del pasajero. Sus acciones pasan a ser defensivas (cuando en su campo de batalla serían ofensivas) y se convierte en un objetivo PREDECIBLE. Como hemos dicho anteriormente, la predictibilidad es una falla estructural en el enfoque propuesto en La Venta Irreverente.

Exponga

Ahora que ya ha logrado poner todas las ineficiencias y sus causantes al descubierto, los ha puesto a operar fuera de su zona de confort. Es hora de tomar el control y hacer un aterrizaje forzoso.

Esto no significa de ninguna forma o manera que su objetivo es lograr que la operación de negocio de su cliente colapse, pero si necesita presentar y exponer una fotografía de la realidad de la empresa, sus procesos, sus "Pasajeros gratis" y sus "gerentes fantasmas" al mismo tiempo debe identificar claramente los espacios de ineficiencia que deben ser reducidos.

Usted en esta etapa no debe ser visto como la persona que descubrió el caos sino más bien como el ejecutivo con capacidad de sacarlos del caos donde se encuentran inmersos.

Recuerde que usted no está allí para ganar un concurso de popularidad pero en una situación como esta, hay una línea muy fina que divide a la posibilidad de ser visto como un "busca-problemas" y un ejecutivo con experiencia para afrontar el caos. Su "nomenclatura Focalizada" le permitirá enviar el mensaje correcto y la certeza que usted es la persona con la experiencia y el equipo requerido para llevarlos a puerto seguro otra vez.

Reconstruya

Lograr una venta es haber podido construir una visión en la mente de su cliente.

Los agentes de Bienes Raíces, no venden una casa, lo que logran vender es un hogar donde su cliente cobijará y protegerá a su familia.

Aunque las fabricas de cosméticos producen productos de belleza, las mujeres realmente compran una ESPERANZA de ser joven y bonitas otra vez.

La única forma de ganar un negocio es poder lograr la oportunidad de construir esa visión en la mente del cliente. Una visión que incluya los productos y servicios que usted ofrece.

Usted jamás será parte de esa visión si es construida por alguien más para su cliente. La única forma es que la construya usted mismo.

En este punto el enfoque de la Venta Irreverente usted ha presentado a su cliente con una fotografía de los procesos de su empresa, que muestran todas las ineficiencias y fallas dentro del área particular en que su producto o servicio se especializa. En este momento usted ha sacado a su cliente de su zona de confort. Ellos se siente expuestos (en el caso de empleados a cargo de los procesos o departamentos con focos de ineficiencia) ó ansiosos por esta situación (en el caso de Directores, Presidentes, y Ejecutivos del nivel "C")

Es el momento de combinar esas ineficiencias con las ventajas y beneficios de su producto que puedan resolver esas ineficiencias. En la segunda parte de este libro explicaremos cómo ir transformando estas combinaciones, en la información y el conocimiento requerido para construir la visión necesaria que dispare una acción de parte del cliente que nos permita ganar el negocio.

SEGUNDA PARTE:

PROCESO DE TRANSFORMACION EN LA VENTA DE SOFTWARE

Marco de Referencia

En la primera parte de este libro nos hemos referido a la actitud personal y profesional que configurará su estilo, lo que le permitirá enfrentar con éxito el nuevo panorama vendiendo soluciones de software.

Según lo dijimos en esa primera parte, usted no está buscando un objetivo fácil para dispararle, más bien se está concentrando en lograr un disparo inteligente a una zona sensible dentro de ese objetivo.

No existe un cliente difícil. Cuando usted piensa que un cliente es difícil es porque usted no ha logrado comprender totalmente su negocio y no puede encontrar ese tiro inteligente como consecuencia de esa ausencia de conocimiento de los factores claves dentro de su objetivo. Albert Einstein solía decir:

"Si usted no puede explicar una situación compleja en términos sencillos, es porque no la ha entendido completamente usted mismo"

Cuando observamos a nuestro alrededor (TV, Radios, Internet, Etc.) vemos un campo de batalla en el cual las empresas se pelean por un solo trofeo: nuestra atención. Ellas nos muestran innumerables opciones de servicio y productos variados hasta que logra dar con uno que sea atractivo para nosotros, el que nos hace detenernos y voltear para prestar más atención.

Una vez que logran eso, ellos (los anunciantes) saben que tienen una muy pequeña ventana de oportunidad para seguir ganándose nuestra atención y personalizar la experiencia.

Una vez capturada nuestra atención, necesitan transformarla en una visión personalizada que hagan interactuar a sus productos ó servicios con nuestros deseos y/ó necesidades, sean personales ó profesionales. Se preparan para dar el tiro inteligente en la zona que han descubierto más sensible.

SaaS (siglas que en ingles que significan Software como Servicio), por ejemplo, captura fácilmente la atención porque enfoca la atención del cliente más en cómo la solución resuelve aspectos críticos de una operación que en el costo del mismo.

Como ejecutivo de ventas, usted sabe que el cliente tiene una variable constantemente en la mente que no le permite enfocarse en conocer más de la solución. A través de todo el proceso de ventas siempre estará regresando al punto del costo financiero para su empresa, más que en las ventajas y beneficios que le podría traer.

Es por eso que este proceso de transformación en la venta de Software consiste en 4 pasos claramente definidos que comienzan mucho antes de que usted comience ha hablar de los beneficios de su solución a su cliente.

La venta de software es la venta de una solución, de una idea, de un concepto que mejoraría la eficiencia en que opera su cliente actualmente, pero también es acerca de una diferenciación entre su solución y la de sus competidores. Por eso la importancia del proceso de transformación de la venta.

El marco de referencia en el proceso de transformación en la venta de software tiene dos (2) ciclos:

- El Ciclo de Transformación
- El Ciclo de Exploración

Veamos el siguiente diagrama:

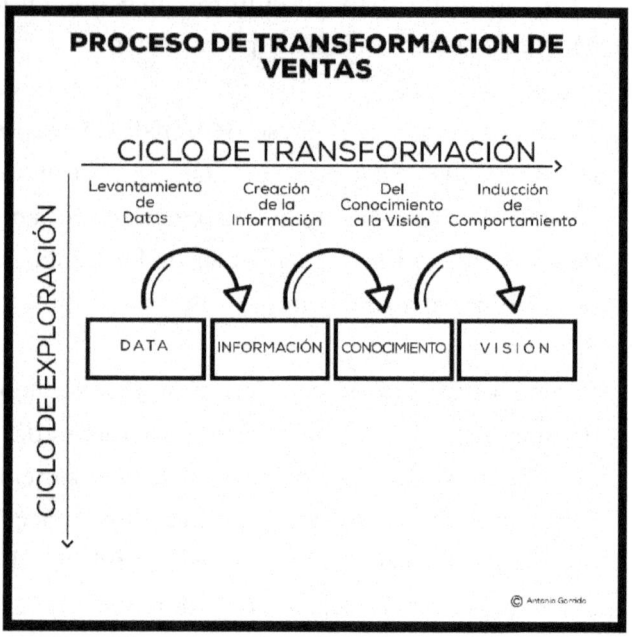

Fig. 3

El Ciclo de Transformación nos permite que la Data recolectada interna y externamente sea procesada a través de un proceso definido, al final del cual habremos construido la visión que andamos buscando para presentar a nuestro cliente.

El Ciclo de Exploración es una actividad realizada en cada nivel del Ciclo de Transformación, que revela la ausencia ó presencia de componentes.

Cada uno de estos niveles es discutido en las próximas paginas.

En el caso de SaaS (Software como Servicio por sus siglas en inglés) es importante considerar que la aplicación está instalada en un Centro de alojamiento (Hosting Center, en inglés) y que por lo tanto la discusión no debe centrarse en los aspectos de seguridad de la data, sino más bien debe ser dirigida a aspectos sobre su funcionalidad, beneficios y ventajas. Esto nos permite concentrarnos en sólo un objetivo: mover la atención de nuestro cliente a través del ciclo de Transformación.

Este proceso de Transformación concentra la atención de su cliente en aspectos críticos operacionales en las diferentes áreas de su empresa, y cómo resolverlos.

Al mismo tiempo, el Proceso no lo deja caer en la "trampa tecnológica, esta "trampa" llevaría su conversación a otros participantes, como el Depto. de tecnología por ejemplo. Con ellos usted tendrá que dialogar en algún momento en su proceso de ventas pero no como quien toma la decisión, sino más bien como elementos de soporte a su objetivo principal en la empresa (quien toma la decisión).

En caso de que usted se vea inevitablemente obligado a conversar con la gente del Departamento Técnico, asegúrese de mantener su conversación abierta con su objetivo principal y abra una conversación paralela con los técnicos como asesores, no como principal negociador. Es muy importante que nunca cierre sus conversaciones con su objetivo principal mientras su conversación, o la de su equipo, con los técnicos aclara todos los aspectos y responde a todas sus preguntas.
Si usted cierra su conversación con el objetivo principal, y se dedica a aclarar todas las dudas técnicas, jamás podrá regresar con la misma fuerza a su objetivo principal pues las negociaciones estarán filtradas por las

conclusiones que puedan tener los técnicos, las cuales pudiesen haber sido hechas más adelante.

Si usted abre un canal de comunicación con el departamento técnico, asigne un ejecutivo de su equipo que pueda responder preguntas relacionadas con el aspecto técnico de su solución, con instrucciones claras de responder sólo esos aspectos. Si le es preguntado acerca de la parte financiera, la respuesta debe ser que eso se está discutiendo en las conversaciones entre el ejecutivo de ventas y el Director ó Presidente (ó quien quiera que sea su objetivo principal).

En el Proceso de transformación de la venta de software es crítico que quien toma la decisión esté siempre involucrado en el desarrollo del mismo.

Transformando los subproductos de cada etapa en el Ciclo de Transformación (Data →Información→Conocimiento→ Visión) llegamos al punto en que el cliente tiene una visión clara de su solución y como resolvería los problemas críticos. En este punto él sólo le haría a su departamento técnico alguna de estas preguntas:

Se requiere de alguna inversión adicional en nuestra infraestructura técnica?

Tenemos algún reto técnico para instalarlo?

Podemos instalar sin interrupciones a los usuarios?

Todas estas son preguntas cerradas que sólo buscan confirmación.

Todo lo contrario pasaría si usted deja las conversaciones con su objetivo principal y se embarca en explicaciones de su solución con el departamento técnico donde se encontraría con ejecutivos con un perfil diferente al suyo, que hasta podría pensar que su solución pudiese poner en peligro su trabajo. Las conversaciones entre técnicos y Ejecutivos de ventas, desde el enfoque de la Venta Irreverente, siempre son totalmente disparejas.

Una vez que usted intenta volver a retomar las conversaciones con quien es su objetivo principal, quien le hará preguntas "abiertas" al departamento técnico, lo que le dará a éste suficiente espacio para ponerse "creativo" y, además, la oportunidad de poder mitigar cualquier percepción que tenga de que la solución ofrecida pudiese poner en peligro su estabilidad laboral.

Cuando usted ha hecho bien el trabajo de mover a su cliente a través de los Ciclos de Transformación y Exploración, habrá transformado una oportunidad de 0% de probabilidad de cerrarse exitosamente en una oportunidad con un 90% de ser exitosamente cerrada, sin haber desgastado la atención que su cliente le ha brindado a través de cada ciclo.

Observemos el diagrama al inicio de esta sección. Enfoque su atención en el "Ciclo de Transformación". Se dará cuenta que el proceso va cambiando de "Data" a "Información" a "Conocimiento" hasta llegar a una "Visión".

Estos son los 4 pasos requeridos que usted debe dar para cerrar una oportunidad de negocios exitosamente.

Sin embargo, no existe una varita mágica para transformar los componentes fácil y rápidamente. Se requiere que usted haga la tarea en cada nivel lo cual será explicado más adelante en este libro. En este punto, sólo quiero que usted se dé cuenta de que en cada uno de los cuatro (4) pasos en este proceso una acción es ejecutada y un objetivo alcanzado.

En el primer paso, Data, entramos en el Ciclo de Exploración, que al terminar, nos envía al segundo paso del Ciclo de Transformación y así sucesivamente.

Cuando llegamos al tercer paso (Conocimiento), ya hemos creado toda la información necesaria, la hemos transformado en el Conocimiento requerido para comenzar a construir la Visión que necesitamos para cerrar exitosamente la oportunidad.

Es muy importante que usted reconozca y recuerde las diferencias entre cada uno de los pasos, de manera que pueda moverse hacia delante en el Proceso de Transformación.

Veamos con un poco más de detalle el primer paso en este Proceso de Transformación de Ventas de Software.

Recolección de Datos

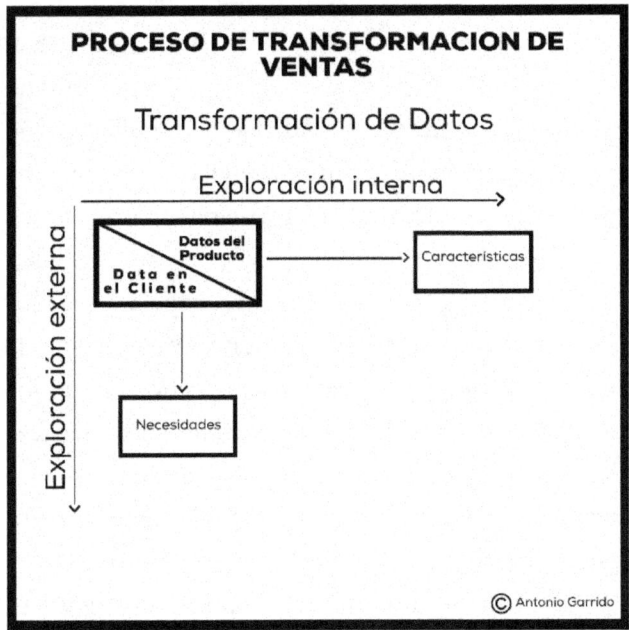

Fig. 4

En este primer paso en el Proceso de Transformación de ventas de Software encontramos dos actividades exploratorias:

- Una actividad Externa
- Una actividad interna

La actividad interna

Esta actividad está completamente relacionada con el aprendizaje y familiarización que el ejecutivo de ventas debe tener sobre los productos/servicios que formarán parte de su portafolio de ventas.

Vemos con mucha frecuencia, que los ejecutivos de ventas, al vender tecnología, no le dedican el tiempo necesario al aprendizaje de los detalles que conforman las características básicas delos productos o servicios que venden y por lo tanto se apoyan demasiado en el departamento técnico para que les haga el trabajo de ventas.

Es común ver convertidos a excelentes ejecutivos de ventas en actividades de "Busca citas", es decir, tratando de cuadrar una cita entre su cliente y algún analista técnico de su empresa para que explique los alcances de la solución que está tratando de vender.

Usemos un ejemplo para ilustrar este punto.

Nuestro ejecutivo de ventas se llama Marcos, para efectos de este ejemplo. Marcos trabaja para una empresa de software que ofrece una solución de software que monitorea y controla los ambientes de impresión.

Cuando hace su visita al cliente, descubre que están teniendo problemas con los altos costos para mantener la operatividad de su ambiente de impresión.

"El uso de estas impresoras me está costando un ojo de la cara!" – Protesta su cliente, uno de los Directores de la empresa.

"Nuestra empresa ofrece un software de control de impresión que podría resolverle este problema de costos" – Responde Marcos inmediatamente

"De verdad?" – pregunta interesado el Director

"Claro! Si usted tiene algún tiempo disponible, planifiquemos una reunión para que uno de mis analistas le explique cómo funciona nuestra solución." – sugiere Marcos.

Marcos acaba de cometer un error que podría costarle la oportunidad que detectó, al poner en manos de un analista técnico el proceso de ventas de su oportunidad.

Es también muy probable que Marcos haya tomado esa decisión porque él mismo no se siente suficientemente capacitado para hablar de las ventajas y posible beneficios que podría traer esta solución a la empresa y piensa que el analista técnico tendría mayor conocimiento sobre la misma. Y no está equivocado…el analista técnico tiene más conocimiento TECNICO de la solución, pero jamás tendrá una idea de un proceso de ventas.

Yo he visto incontables oportunidades de negocio irse al trasto de la basura cuando se pone a un excelente analista técnico, por ejemplo, en frente de un CEO, Presidente ó Director de una empresa.

No es que el analista sea un profesional mediocre, es que él está entrenado para enfrentar y resolver aspectos a nivel técnico de la solución y no para manejar un proceso de ventas.

La primera parte de este primer paso del proceso que trata el ciclo exploratorio, se refiere a la necesidad ineludible que tienen los ejecutivos de ventas de aprender las características y ventajas que ofrecen los productos y servicios que tienen en su portafolio de ventas.

Ellos necesitan no sólo aprenderlos sino comprender sus implicaciones de tal forma que puedan explicar "un proceso complejo en términos sencillos", como Einstein decía.

Por ejemplo, siguiendo con nuestro ejemplo de Marcos, él no necesita entender lo complicado del protocolo de comunicación existente (a nivel técnico) entre el "agente", que es un pequeño programa de software, instalado en el servidor de impresión de su cliente y el centro de alojamiento del código fuente de la solución. Pero sí es muy importante que Marcos esté en capacidad de explicarle a su cliente que esta actividad (la comunicación Agente-Centro de alojamiento) no congestionará sus redes pues lo que viaja entre el agente y el centro de alojamiento no es el documento que se está imprimiendo, sino un "Ticket de trabajo" encriptado que pesa menos de un "k".

Esa información será suficiente para CEO, Presidente ó Director. Cualquier detalle técnico adicional que Marcos incluya en su explicación, lo enviaría directo al departamento técnico.

De manera que Marcos, necesita invertir el tiempo necesario para poder comprender todos los detalles de la solución que su empresa requiere que venda.

La actividad externa

Esta actividad es ejecutada después que se han aprendido los conceptos básicos de la solución y cómo pueden ser incluidos en un proceso de ventas.

Este actividad se desarrolla en, y con el cliente, pero aquí usted NO intentará vender nada todavía. Su principal objetivo es comprender en su totalidad el modelo y los procesos de negocios que su cliente tiene establecidos.

Al realizar esta actividad, usted se encontrará con lagunas de ineficiencia dentro de esos procesos de negocio que requieren ser resueltos para que el proceso alcance un mayor nivel de eficiencia. Tome nota de cada uno de esas ineficiencias pues las necesitará más adelante.

Es muy importante que se tome el tiempo que sea necesario para entender esas lagunas de ineficiencia la más que pueda. No deje nada sin revisar. Recuerde la estructura de la mente irreverente: No deje nada sin revisar.

Usted no está en una actividad de cierre de ventas sino más bien en una actividad de diagnóstico. No salte a conclusiones en esta etapa.

Como hemos expresado en páginas anteriores en este libro, usted no está buscando un blanco fácil para disparar, lo que usted está buscando es un espacio claro, en una zona sensible dentro de ese blanco, al cuál le pueda disparar y para eso necesita explorar.

Igualmente hemos expresado que usted necesita ser creativo en este proceso de exploración. Su imaginación y su creatividad son sus mejores aliados en esta etapa al tratar de comprender el porqué de los hechos encontrados y de las opciones alternas.

El hecho de que un proceso se haya realizado de un forma específica por muchos años, no significa que no puede ser mejorado.

En la misma forma de pensamiento, el hecho que ese proceso esté apoyado por un competidor con dimensiones gigantescas, no significa que usted no pueda arrebatarle el cliente de sus garras, siguiendo un proceso metódico, bien estructurado y sobre todo bien implementado en la construcción de la visión que incluya su solución y no la del gigante.

Hoy en día, la venta de software nivela el terreno entre las grandes corporaciones y las pequeñas empresas con una solución innovadora.

Siga disciplinadamente este proceso de transformación de ventas de Software para crear su propio campo de batalla donde pueda mostrar sus fortalezas e implementar sus propias reglas.

Yo he comprobado, una y otra vez, que las grandes corporaciones no se mueven a ningún otro campo de batalla por los negocios sino donde ellos tienen la ventaja de controlar todas las variables y cuando lo hacen, pierden tiempo tratando de convencer a su cliente de mudarse a su campo de batalla. Es en este momento que usted, hace su entrada con un enfoque innovador y les muestra la puerta de salida.

Creación de la Información

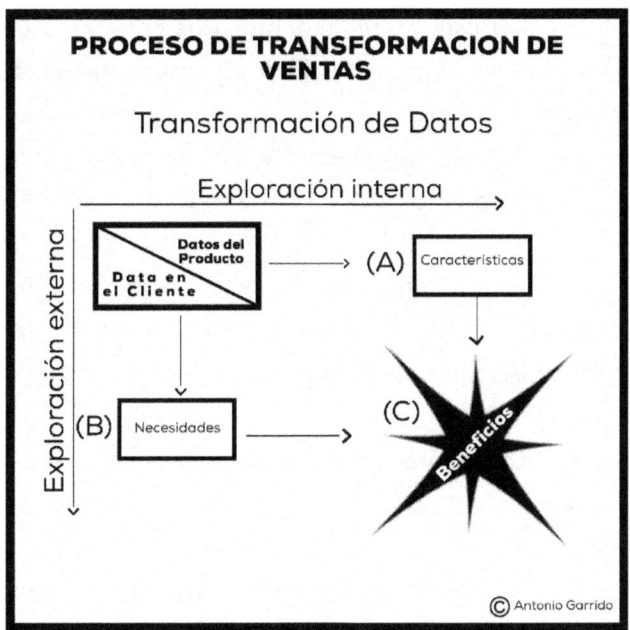

Fig. 5

En este paso, estaremos utilizando tanto los resultados encontrados en la exploración de diagnostico hecha en el cliente como la información sobre las características y ventajas del producto que hemos aprendido por nuestra parte.

Usted estará transformando DATOS en INFORMACION.

Expliquemos mas en detalles.

En este punto tenemos dos conjuntos de Datos. Un conjunto de Datos proveniente de la exploración realizada a el/los proceso(s) de negocio establecido(s) en nuestro cliente.

Llamemos a este conjunto de Datos: "A"

Igualmente usted ha adquirido un conjunto de conocimientos sobre las características específicas de el/los Producto(s) que usted ofrece.

Llamemos a este conjunto de características: "B".

Cuando usted logra combinar algún elemento del conjunto "A" con otro elemento del conjunto "B", es decir combinar una necesidad con una característica de su producto que pueda satisfacer esa necesidad, usted ha logrado transformar DATOS EN INFORMACION, pero al mismo tiempo esa información tiene la característica de ser un BENEFICIO para su cliente.

Los DATOS sólo se convierten en INFORMACION, cuando los relacionamos entre ellos, pero si esta relación resuelve una necesidad en su cliente, entonces también esta

INFORMACION se convierte en un BENEFICIO, un elemento esencial que utilizaremos al movernos hacia adelante en el Ciclo de Transformación.

La creación de la INFORMACION por sí sola no es un elemento utilizable en el Ciclo de Transformación y tampoco garantiza el cierre exitoso de una oportunidad. Los clientes NO compran sólo basados en información. La información tiene que también llevar un BENEFICIO implícito para que pueda tener interés para el cliente y para que pueda ser utilizado en el Ciclo de Transformación.

Si alguien le dice a usted que mañana las temperaturas en Madrid estarán por debajo de Cero grados, esa es una información, pues se han combinado dos (2) variables: La ubicación geográfica y la temperatura. Pero no pasa de ser sólo eso…INFORMACION, la cuál sólo tendría interés para usted (BENEFICIO), si usted estuviera viajando esta noche a España.

Sigamos con el ejemplo de nuestro ejecutivo de ventas Marcos.

Marcos ha explorado el ambiente de impresión donde se desenvuelve toda la actividad de fotocopias, escaneos, impresiones, etc., y se ha dado cuenta que hay algunas cosas que pudieran estar impactando en el costo de la operación de dicho ambiente.

El ha visto cómo empleados utilizan las impresoras para trabajos de impresión personal como fotocopias de documentos personales, Trabajos universitarios, tareas de los hijos de los empleados, etc., etc.

Igualmente ha notado en sus rondas alrededor en los ambientes de impresión que, en la bandeja de trabajos impresos en cada impresora, al final del día hay un cúmulo de documentos que han sido impresos que no son retirados por quien los envió a imprimir y terminan en el cesto de la basura a final del día.

Aquí esta un buen ejemplo en la creación de la información con su BENEFICIO implícito al momento de comenzar a hablar sobre la solución de monitoreo y control de impresión que Marcos puede ofrecer.

Así que la conversación inicial con que comenzamos el primer paso (la recolección de Datos), entre Marcos y el Director cuando el primero intento poner en control del proceso de ventas a un analista técnico, sería totalmente diferente:

"El uso de estas impresoras me está costando un ojo de la cara!" – Protesta su cliente, uno de los Directores de la empresa.

Pero esta vez la dirección tomada con la respuesta sería otra:

"Sí, los ambiente de impresión se vuelven muy costosos cuando no son monitoreados" – contestaría Marcos.

"Qué quieres decir" – Pregunta el Director

"Si a usted no le importa, yo podría hacer algunas observaciones que estoy seguro están impactando en el incremento de esos costos que usted habla" – Dice Marcos

"Por favor, tus comentarios al respecto son muy bienvenidos!" – le asegura el Director.

"Yo he notado, que las bandejas de impresiones en cada impresora están llenas de trabajos que nadie retira y que son desechadas al final del día. Esa es una pérdida en términos de papel, y tóner que se refleja en sus costos." Dijo Marcos

"También he notado que los empleados siempre están tan ocupados dando su mejor trabajo a la empresa, que en muchos casos no les queda tiempo de salir a hacer copias ó impresiones personales y se ven obligados por este factor a hacer esas impresiones en las impresoras de la empresa. Ese podría ser otro factor que añade al incremento de costos de esa operación." - Siguió explicando Marcos

"Nosotros ofrecemos una solución, que maneja ese problema dándole un mejor proceso al ambiente de impresión de la empresa que lo hace más eficiente." – concluyó Marcos.

Lo que está haciendo Marcos, es abriendo el camino para presentar su solución para resolver una necesidad que YA es reconocida por su cliente.

El ha identificado un espacio claro, en una zona sensible dentro de su cliente, a la cual puede hacer un disparo inteligente.

De la creación del Conocimiento a la construcción de la Visión

Fig. 6

En esta última etapa en el Proceso de Transformación de la venta de Software es donde debemos utilizar todos los elementos que hemos venido transformando a través de todo el proceso. Recordemos que la INFORMACION no se convierte en CONOCIMIENTO hasta que no sabemos que hacer con ella.

Es por eso que este paso es el momento oportuno para presentarle a nuestro cliente una recomendación calificada en el manejo de la INFORMACION recabada en aquellas áreas que toca nuestra solución, para hacerlas más eficientes.

Con esto estamos creando el CONOCIMIENTO necesario y echando las bases para construir la VISION que andamos buscando.

Este es el momento de inducir un comportamiento en nuestro cliente ó lo que se llama en mercadeo, un CALL-TO-ACTION.

Un CALL-TO-ACTION es en realidad un "momento de la verdad". Es aquí donde confirmaremos si hemos sido acertados ó no, en el manejo del proceso de Transformación y hemos utilizados los elementos correctos para moverlos a través del proceso.

Una pregunta cerrada bastaría para moverse al siguiente paso, si hemos hecho las cosas bien:

"Déjeme mostrarle cómo"

Esas tres palabras son las que le indicarán si usted ha "aprobado" ó "reprobado" el examen en la construcción de la Visión para su cliente.
 Pero el examen final está todavía por venir:

La PRUEBA DE CONCEPTO.

De eso hablaremos ahora.

La prueba de concepto (POC)

En la industria del Software escuchamos la palabra DEMO en casi todos los clientes y asociados a los que visitamos. Las empresas crearon este concepto con la esperanza que sus clientes probaran el sabor y se quedaran pegados al producto. Eso incluso se hace en todo tipo de industrias.
Los ejecutivos de ventas se han acostumbrado tanto a esta herramienta que la usan como una

muletilla para apoyar sus oportunidades de negocio, pensando que va a hacer el trabajo de ventas por ellos. Nada más alejado de la realidad.

La verdad es que los DEMOS no venden por sí solos. Tienen que formar parte de una estrategia más amplia para que realmente pueda tener el efecto y el impacto deseado en el proceso de ventas.

Es por eso que, a nivel profesional, he borrado todo vestigio de la palabra DEMO y su concepto. En su lugar, he colocado la frase "Prueba-de-Concepto". La diferencia en los resultados que obtengo ha sido realmente impresionante.

Cuando usted le ofrece a su cliente un DEMO, lo que realmente le está transmitiendo es:

"Aquí tienes, juega con esto"

Usted regresa un mes después y 99% de las veces su cliente se disculpara dándole cualquier tipo de excusas:

"Discúlpame, pero no he tenido tiempo de mirarlo"

"Mi gente ha estado de vacaciones…"

o simplemente…

"He estado muy ocupado, lo siento"

No lo puede culpar! Quién tiene tiempo para andar jugando hoy en día? El DEMO por sí sólo, no es una prioridad para el cliente. El sabe que está allí, sabe de lo que se trata, pero ni siquiera está en la lista de sus prioridades más apremiantes. Es por eso que digo que los DEMOS deben formar parte de una estrategia mucho más amplia para que sean efectivos.

Cuando ya hemos avanzado en los tres primeros pasos en el Proceso de Transformación de Software:

Data→Información→Conocimiento

El cliente está listo para ver una prueba tangible de nuestra propuesta y el CALL-TO-ACTION es el puente entre la teoría y la práctica.
Ofrecerle un DEMO en esta etapa es echar a la basura todo el trabajo que hemos hecho junto con el tiempo que el mismo cliente amablemente nos ha brindado.

Esta es la etapa donde la mayoría de los ejecutivos de ventas aflojan el control y el seguimiento.

Recuerde, el hecho de que usted haya capturado la atención completa de su cliente, y que la oportunidad ya esté catalogada por usted, su gerente y su brujo personal, como un 80% de cerrarse exitosamente, no significa de ninguna forma ó manera que ya usted ha sido exitoso en el cierre de la misma.

Esto es como el juego de Beisbol: "el juego no se acaba hasta que se termina" ó como en el boxeo, cuando usted ha venido ganando todos los round anteriores, y en el ultimo round sale sintiéndose ganador, sólo para terminar victoriosamente noqueado en la lona.

La Prueba-De-Concepto no es de nadie más que de usted. No es de su gerente, ni de sus asistentes, ni del departamento técnico. Es SUYA Y SOLO SUYA.

Si hay algún momento de definiciones en el desarrollo de este Proceso de Transformación de Ventas de Software, este es el momento.

No permita que nadie más se siente en el asiento del conductor porque se sorprendería donde terminaría llegando! Usted conoce el camino…usted conoce el coche…usted y sólo usted lo conduce. Punto.

Si seguimos usando el ejemplo de nuestro ejecutivo de ventas, Marcos y su oportunidad de negocios, él se encuentra en ese momento de definición frente a su cliente cuando este le pregunta:

"Como podrías hacerlo Marcos? Que se necesitaría?"

A lo que Marcos contesta:

"Hagamos una Prueba-De-Concepto, y lo que quiero decir con esto es que vamos a instalar un "agente" en el servidor de impresión de su empresa. Yo sugeriría una pequeña reunión con los encargados de departamento y que sean ellos mismos quienes nos digan dos o tres problemas apremiantes y críticos que sus departamentos están experimentando actualmente y pueden también confirmar la lista que personalmente he hecho de algunos problemas que yo he visto en mi análisis."

"después de eso, simplemente déjelo en nuestras manos, sólo le pido que establezcamos una reunión para dentro de 1 mes, para escuchar de boca de los propios encargados si nuestra solución ha resuelto lo que establecimos aquí como puntos críticos a resolver con esta Prueba-De-Concepto." - Concluye Marcos

"Listo, hagámoslo" – dice el Director

Usted habrá notado cómo Marcos jamás suelta ni cede el asiento del conductor. Es él y sólo él quien maneja el proceso.

El trae a gente de la propia empresa para que le digan delante del Director, dónde es que duele. 10 minutos.

Un mes después, vuelve a reunirse con la misma gente y el mismo Director, para que sean ellos mismos quienes le digan al Director, que los problemas han sido resueltos. 10 minutos para eso.

Esto es lo que se llama una REUNION CONTROLADA.

Marcos se asegura de entregarle al Director la hoja con los nombre y los problemas más apremiantes según ellos lo dijeron en la primera reunión.

Esto es muy importante pues la gente tiende a olvidarse de las cosas que dice ó simplemente se les ocurre traer puntos adicionales que no estaban en la Prueba-De-Concepto inicialmente, intentando enviar el mensaje que su Prueba-De-Concepto no fue del todo exitosa.

NO DEJE NADA A LA IMAGINACION DE NADIE!...porque se sorprenderá de lo creativos que pueden ser!

ENTRE TELONES

Hay una gran cantidad de actividades que hay que coordinar entre el momento de la primera reunión con las partes interesadas, es decir, con los responsables de las diferentes áreas, donde ellos exponen los puntos críticos que desearían resolver, y la segunda reunión en el cuál confirmarían que sus puntos han sido resueltos por nuestra solución.

Es en este punto donde usted debe involucrar al departamento técnico. Usted le dará un récipe que deberán cocinar a perfección: Los problemas críticos que deberán ser resueltos con la solución de que usted vende.

Debe ser muy claro con su departamento técnico sobre el hecho de que deben focalizarse sólo en los aspectos que usted les está señalando. La gente técnica son tan buenos en lo que hacen, que son perfeccionistas.

Una vez que instalan la solución, quieren cubrir todos los aspectos que pudieran surgir, y yo estoy de acuerdo con ellos, pero este no es el momento para mostrar esa creatividad e iniciativa, sino mas adelante, una vez que ya se haya asegurado la oportunidad (léase: firmado el contrato).

Repita una y otra vez, lo que se necesita comprobar en esta Prueba-De-Concepto hasta que esté seguro que han entendido el mensaje y no les queda ninguna duda al respecto.

Del lado del cliente, usted debe mantenerse en estrecha comunicación con cada uno de los responsables de área que asistieron a la reunión asegurándose que están involucrados en el desarrollo de la Prueba-De-Concepto.

Es importante que revise frecuentemente con ellos los puntos particulares a los que ellos hicieron referencia como puntos críticos y cómo se van resolviendo, uno por uno, en la medida que el sistema se va implementando.

Debe asegurarse que todas sus preguntas han sido respondidas y que están satisfechos más allá de sus propias expectativas.

Recuerde que ellos serán sus mejores vendedores en la segunda reunión, al momento de revisar con el Director los resultados de la Prueba.

En mi caso, suelo utilizar una hoja de control para cada uno de estos responsables de área, donde están detallados todos los puntos que ellos mismos mencionaron en la primera reunión con el Director de la empresa.

Siempre dejo espacio suficiente para incluir puntos adicionales que pudiesen venirle a la mente. Prefiero enterarme ahora de esos puntos adicionales que en la segunda reunión con el Director. NO DEJE ESPACIO PARA SORPRESAS.

Una vez que ha llegado al final del periodo de prueba, esa hoja de control debe ser firmada por el encargado de cada área. Yo siempre les digo, para calmar cualquier duda de firmarla, que esto es sólo un procedimiento administrativo interno que controla y justifica el uso de nuestros recursos técnicos en nuestra empresa. De esta forma ellos no van a pensar que va a ser utilizado en su contra.

Cuando usted se encuentre en esa segunda reunión de revisión de los resultados de la prueba, tanga siempre a mano estas hojas de control en caso de que alguien se ponga creativo. Si alguien lo hace, y le garantizo que alguien lo hará, usted simplemente saca la hoja de control y revísela. Tome de inmediato el control diciendo:

"Sr. XXX, ese es un muy buen punto, sin embargo, chequeando la hoja de control que usted y yo llevamos durante todo el proceso, no puedo encontrar esos puntos, ni siquiera en el espacio para requerimientos adicionales que revisamos juntos a la hora que firmó el documento de cierre de la prueba-De-Concepto. Pero, no se preocupe, eso es algo que nuestra solución puede hacer."

Sólo con eso, usted habrá terminado con los 5 minutos de fama que nuestro amigo quería ganar.

El objetivo de este paso, es usar el CONOCIMIENTO que se ha creado, para construir una VISION que resuelva los problemas críticos establecidos en la primera reunión, de manera que usted pueda provocar en su cliente un CALL-TO-ACTION, que se enmarque con su estrategia de ventas para esta oportunidad.

Concretando el Cierre

Cuando tratamos de concretar el Cierre, la mayoría de los clientes, vuelven a poner el tema financiero sobre la mesa. Eso no significa que están teniendo dudas sobre la solución que usted le está ofreciendo, sino que más bien están tratando de confirmar que están tomando la decisión correcta.

Dependiendo de su modelos de negocios, sea la venta de licencias perpetuas de software ó la venta de subscripción a su solución en la nube (SaaS) tendrá un mayor o menor trabajo para confirmarle a su cliente que está tomando la decisión correcta.

Cuando se está utilizando el modelo de subscripción a la nube (SaaS) este trabajo es casi inexistente. No hay comparación entre tener que pedirle a su cliente que haga un desembolso que puede llegar a miles de Dólares que tendrá que sacar de su capital de trabajo, a simplemente pagar una módica suma de dinero para obtener los mismos beneficios con mayores ventajas.

Aquí quiero exponer un punto, que he visto en mis seminarios y asesorías a empresas de tecnología.

La clave en e éxito de un modelo de negocios que utilice SaaS como la base de distribución de su solución, es la FLEXIBILIDAD.

La mayoría de los gerentes de ventas empujan por un compromiso a largo plazo de parte de sus clientes. La realidad es, que usted como ejecutivo de ventas es quien maneja esa oportunidad, usted la ha llevado desde una probabilidad de 0%, hasta donde está en este momento. Usted es quien esta enfrentando a su competencia y dando la cara a su cliente.

Una actitud codiciosa de parte de un gerente usando la "vieja escuela de ventas" puede echar al trasto horas de trabajo y reuniones.

La estructura financiera al usar SaaS debe premiar el compromiso pero NUNCA PENALIZAR la falta de éste.

Así que la formula clave sería:

COMPROMISO------> PREMIO
DUDAS--------->FLEXIBILIDAD

La mayoría de los clientes, sobre todo en estos tiempos donde el mercado es dinámicamente cambiante todos los días, no ven con agrado que se les trate de empujar a un compromiso a largo plazo sólo para ahorrarse unos Dólares (en SaaS de eso es lo que estamos hablando a fin de cuentas, Dólares y Centavos!)

En cambio, los clientes aprecian altamente su comprensión y su disposición a darles el espacio suficiente, para que puedan maniobrar hasta que estén listos, por iniciativa propia, a un compromiso de mayor alcance.

SaaS es una espada de doble filo. Puede cortarle grandes negocios a la medida de sus ambiciones profesionales pero también, si no es usada de la forma correcta, puede regresarse y cortarle la cabeza.

Lo que quiero decir con esto, es que desde la perspectiva de la "vieja Escuela de Ventas", se asumía que una vez que su cliente ha invertido grandes sumas de dinero en la compra, instalación y mantenimiento de su solución, lo pensará más de una vez antes de darle una patada y sacarlo a usted y a su sistema de la empresa, Después de todo, su cabeza también estará en peligro pues cómo le explicarían a la Junta directiva que el sistema por el cual pagaron tanto dinero, ahora necesitar echarlo al cesto de la basura y cambiarlo por otro.

Pues bien, las malas noticias para los gerentes de venta anclados en la perspectiva de la vieja "Escuela de Ventas", es que con el modelo SaaS, les pueden dar una patada en el trasero y reemplazarlo con su competidor, no importa qué tan largo sea el compromiso adquirido, con apenas un botón de "OFF". El costo de esta acción sería mínimo. Aunque tuviesen una penalidad por romper el contrato, su competidor estaría encantado de absorber esa penalidad , como un "Regalo de Despedida" para usted y su empresa.

El mensaje que quiero transmitir con esto es que usted necesita ser flexible al momento de tratar de "Cerrar" el negocio con el cliente.

Recuerde la historia de el árbol fuerte y el árbol débil. El árbol fuerte tenia la resistencia para soportar grandes tempestades pero cuando la tormenta soplaba con una fuerza feroz, el árbol fuerte fue sacado de raíz del suelo. Mientras que el árbol débil, no tenía la fortaleza para enfrentar la tormenta feroz, sino que tenía la flexibilidad para de doblarse hasta llegar al suelo sin salir disparado de raíz. Cuando la tormenta pasaba, volvía entonces el árbol débil a enderezarse para seguir creciendo.

En cierta forma, lo mismo aplica con la relación de negocios al momento de vender Software. Si usted es suficientemente flexible, podrá soportar la tormenta, para después crecer los negocios con su cliente.

CANALES Y ASOCIADOS DE NEGOCIOS

En la sección anterior nos enfocamos en los ejecutivos de ventas y su enfoque en el Proceso de Transformación de Ventas de software.

Como pudo observarse, tratamos de disparar un interés en el ejecutivo de ventas de un cambio de "Escuela de Pensamiento" que trajese un incremento en sus negocios.

En esta sección nos vamos a referir más en detalle a aquellos ejecutivos de ventas que no tienen acceso directo a los clientes finales sino a través de un modelo que incluye a Asociados de Negocios y Revendedores quienes son los que llegan a estos clientes finales a través su fuerza de ventas.

El gran desafío en este modelo es que, tradicionalmente, cuando tratamos de vender cualquier solución de software a través de Asociados de Negocios y Revendedores, la información que trasmitimos acerca de nuestra solución se diluye durante el proceso y no llega con la misma fuerza al cliente final.

En este modelo nos encontramos con que el ejecutivo de ventas tiene tres (3) puntos de contacto con los cuales tiene que interactuar:

- La Gerencia
- El departamento técnico, y
- La Fuerza de Ventas

Cada uno de estos puntos de contacto, necesita un enfoque diferente.

La Gerencia

La gerencia es el primer punto de contacto al tratar con los Asociados de Negocios y Revendedores.

Es importante conseguir su apoyo para poder tener un alcance efectivo en los otros dos puntos de contacto restantes.

El desafío aquí, es que debemos diferenciarnos de la gran cantidad de competidores que también están tratando de hacer lo mismo que nosotros.

Qué razones tendrían estos gerentes para prestar atención a lo que tengamos que decirle? Qué lo haría a usted diferente de los demás?

La primera y mayor responsabilidad de un gerente es lograr que las operaciones de su empresa sean rentables, por eso, cualquier actividad que decidan desarrollar debe estar alineada con esta "regla de oro".

Si usted aparece de la nada, hablándoles de lo maravilloso y efectivo que es su solución, lo superior que es su soporte técnico cuando lo comparan con el de sus competidores...es muy probable que ya ellos hayan escuchado esa canción con diferente ritmo.

La clave aquí es asegurarse de enviar un mensaje diferente. La mayoría de las empresas de software concentran sus actividades en entrenamiento acerca de sus productos y certificaciones:

- Invierten tiempo y dinero entrenando a los integrantes de los departamentos técnicos de sus asociados, asegurándose que todos queden "certificados" en el uso de sus productos...*sus competidores también hacen lo mismo.*
- Se reúnen con las fuerzas de ventas para mostrarles las fortalezas, y ventajas de sus productos. Les hablan de los

incentivos monetarios que pueden ganar si llegan a niveles específicos de ventas, e incluso muchos tienen lo que ellos llaman "certificaciones de ventas"...*lo mismo hacen sus competidores.*

A lo largo de mis más de 20 años de experiencia vendiendo soluciones de software, una forma segura de conseguir la atención de la fuerza de ventas, es ofrecerles entrenamiento fuera de sus localidad. Mientras más exótica sea el lugar de entrenamiento, mayor interés habrá en participar.

Yo recuerdo que cuando trabajaba para una conocida empresa de software atendiendo los mercados latinoamericanos, cuando ofrecíamos entrenamiento con gastos pagos en ciudades como Miami, Las Vegas, Nueva York, por ejemplo, teníamos una participación que sobrepasaba nuestras expectativas.

Claro, es importante aclarar, en caso de que usted no lo esté ya pensando, que este interés era más por el placer de viajar y divertirse unos días fuera de las responsabilidades de oficina que por el propio entrenamiento y certificación.

Aunque la actividad terminaba siendo 75% más por la actividad de compras, turismo y tragos, lográbamos una gran cantidad de certificaciones. Pero sólo eran eso…certificaciones…de allí no pasaba.

Nunca tuvo ese impacto en el mercado que cambiase drásticamente nuestros números de ventas en sus regiones, pero algo tengo que reconocer, me servía para convertirme en un gerente muy popular…si de popularidad se trataba.

Así que después de muchos años me di cuenta que necesitaba ser más "IRREVERENTE" con esta fuerza de ventas de nuestros asociados de negocio. Necesitaba encontrar una forma de desafiar esa "vieja Escuela de Ventas" llena de todos estos costosos vicios que no servían en nada para que nuestro mensaje llegara integralmente y de una forma profesional en cascada a todos ellos, y de allí fuese transmitido en la misma forma a los clientes finales, para asegurarnos más éxito en el cierre de las oportunidades.

Desde ese punto de vistas, necesitábamos seguir entrenándolos en las bondades y beneficios de nuestras soluciones de software, como ha sido hecho por años, pero también necesitábamos incluir un elemento importante que había sido excluido por alguna razón, si quería lograr un efecto cascada sin perdida en la integridad de la información trasmitida: Necesitaba enseñarles cómo vender nuestra solución".

Hasta ahora nos habíamos concentrado en enseñarles las ventajas y beneficios que nuestra solución podría tener, y en darles un papel que los certificaba cuya única utilidad era abultar el currículo profesional del interesado para efectos de su búsqueda de trabajo cuando lo necesitasen.

Es en este punto donde usted debe incluir este Proceso de Transformación de Ventas de Software, como una herramienta poderosa con la cual ellos (la fuerza de ventas de sus Asociados de Negocio), puedan no sólo hacerle llegar al cliente final un mensaje integral, coherente y efectivo, sino también lograr una mayor efectividad en sus actividades de ventas.

Yo lo hice y como una actividad práctica, visitaba con ellos las oportunidades más relevantes en cada uno de sus países ó regiones, para revisar juntos la etapa en que la oportunidad se encontraba en este proceso de ventas, los correctivos y los siguientes pasos.

Ellos se asombraban al comprobar que siguiendo disciplinadamente un proceso de tan sólo 4 pasos, podían transformar una oportunidad de un 5% de probabilidad de cierre en una oportunidad de un 90% de ser exitosamente cerrada.

El punto aquí, es que al interactuar con La Gerencia en los Asociados de Negocios, hay que transmitirles la VISION en la cual usted potenciará la actividad de ventas en la fuerza de ventas que los capacitará para vender en mercados difíciles y altamente competitivos.

Le garantizo que no sólo jamás obtendrá una respuesta negativa, sino que tendrá a La Gerencia como su mejor aliado en este proceso.

El departamento técnico

En este punto de contacto se necesita tener el enfoque correcto que capture la atención que requerimos de este departamento.

La Gente de ventas y la gente del departamento técnico hablan dos idiomas completamente diferentes. La pregunta que siempre me he hecho es que si las empresas saben esto, porqué insisten en que se comuniquen? Pero lo que es peor aún, cómo usted puede apoyarse en esa comunicación para disparar el efecto cascada para transmitir su mensaje hasta el cliente final?

Nuestra primera tarea entonces, no es empujar a la gente de ventas que hablen un idioma técnico, los ejecutivos de ventas JAMAS serán técnicos y usted tampoco quisiera que se convirtieran en técnicos porque perderían su capacidad de comunicarse a altos niveles gerenciales en el área de negocios, como presidentes, Directores y el nivel "C".

Nuestra tarea es lograr que el departamento técnico consiga el camino para lograr hablarle en términos menos técnicos al los ejecutivos de ventas.

Si dentro de su equipo técnico hay un ejecutivo que sea Técnico y al mismo tiempo sea un Gurú en ventas, considere que se ha ganado la lotería. Recompénselo financieramente de tal forma que no haya cabida en su pensamiento para pensar en buscar otro trabajo.

En realidad, lo que usted necesita hacer es lograr construir un puente comunicacional entre el departamento de ventas y el departamento técnico en su Asociado de Negocios. Cuando este puente está roto, es cuando usted ve a Ejecutivos técnicos manejando el proceso de ventas en una oportunidad espectacular. Un récipe para el desastre. Despídase de la oportunidad.

Los técnicos son motivados por la tecnología así como los ejecutivos de ventas son motivados por el dinero que pueda traer una oportunidad de negocios. La pregunta es, ¿cómo podemos lograr que estos dos extremos se junten?

Cuando los técnicos entienden el papel importante que ellos juegan en el Proceso de Transformación de Ventas de Software, sería para comenzar, un primer paso, pero igualmente importante es que ellos logren explicar una situación tecnológicamente compleja con frases sencillas y fáciles de comprender para la gente del otro lado de la ecuación: los del negocio.

En otras palabras, ellos necesitan estar en capacidad de explicarlo en un lenguaje que ventas entienda.

Una vez que los técnicos han comprendido el Proceso de Transformación de Ventas y su marco de trabajo, ellos comprenderán que no están allí para vender nada, ellos están allí para "cocinar a la perfección" el récipe que les han entregado sus colegas de Ventas, para lograr que estos últimos puedan presentarle a sus clientes el "plato" que ellos desean ó necesitan.

Aquí de nuevo, la IRREVERENCIA salvará el día. Porqué? Porque cuando algún ejecutivo de ventas venga con un requerimiento tratando de poner sobre los hombros del técnico la responsabilidad del manejo del proceso de ventas, ellos pueden rehusarse a hacerlo. Con toda propiedad les pueden decir:

"Has tu trabajo para que yo pueda hacer el mío"

Eso es IRREVERENCIA PROFESIONAL. Si la gente de ventas fuesen expertos en ventas, no serían técnicos, serían ejecutivos de ventas.

Por eso la importancia de que el departamento técnico conozca e interiorice la importancia de su papel en el Proceso de Transformación de Ventas de Software.

La fuerza de Ventas

Es en este grupo donde usted debe enfocar todos sus esfuerzos, pues dependiendo de su buen o mal entendimiento del Proceso de Transformación de Ventas de Software, podrá o no lograr el efecto cascada que usted anda buscando en la transmisión integral de su mensaje.

Como hemos dicho anteriormente, los ejecutivos de ventas sólo son motivados por el dinero que puedan ganar vendiendo. Cualquier gestión profesional en la que ellos se embarquen debe tener el signo del Dólar al final del túnel.

Eso está en el ADN del vendedor, y si no fuese así, estarían en el trabajo equivocado.

Es en este grupo donde usted debe hacer uso de su "Toque de Midas". Debe llegarle a la fibra de vendedor de la cual todo ejecutivo de ventas está hecho, para lograr disparar ese cambio en su "Escuela de Pensamiento" que logre accionar ese deseo de triunfo. Pero desde una perspectiva más moderna.

LA ACCION SIN PASION ES IRRELEVANTE...
LA PASION SIN LA ACCION NO TIENE SENTIDO.

La actividad de ventas necesita ser desarrollada con pasión. A veces encontramos a gente formando parte de un equipo de ventas sin poner su corazón en esa actividad. Ellos están allí mientras "las cosas mejoran", "hasta que me gradúe" o simplemente piensan que "Van a probar".

Hace varios años, asistía a una conferencia dictada por un joven CEO de una empresa para la cual trabajaba, en esa oportunidad dentro de su discurso, dijo algo que me resultó muy interesante.

"La vida es muy corta para estar haciendo algo que no te gusta. Si no te gusta lo que estas haciendo...has algo diferente. No pierdas el tiempo"

Realmente una frase muy atractiva, especialmente para mi en ese momento pues no estaba sintiéndome muy cómodo con la cultura corporativa de esa empresa en particular.

Ese es el mensaje que debe enviar una y otra vez cada vez que hable con una fuerza de ventas en sus asociados de negocios. Si ellos (los vendedores) no pueden poner su corazón en su actividad de ventas, no importa a cuantos cursos atiendan ni qué tan efectivo pueda ser una metodología de ventas. Si su pasión no está allí, jamás estarán los resultados tampoco. Que no pierdan el tiempo haciendo algo que no les gusta.

Las ventas son como el arte de volar, si no pone todo su corazón, más le vale que considere irse caminando.

En un seminario de ventas que estaba dictando en una de las islas del caribe, experimenté de primera mano lo poderoso que es capturar el corazón y la atención de su audiencia y enviar un mensaje mensaje claro.

Un Ejecutivo de mediana edad se acercó a conversar conmigo al final de la sesión. Me dijo muchas de sus dudas, entre ellas:

"Tengo 50 años y todavía tengo hijos atendiendo a la universidad la cual pago yo. Si renuncio a mi trabajo, quién cree usted que contratará un vendedor viejo?"

Yo le contesté con otra pregunta:

"Y si no lo haces, cómo podrás hablarle a tus hijos de éxito cuando tu estás resignándote por mucho menos?"

este hombre no estaba en ese trabajo porque tuviera una pasión por lo que hacía. El había decidido sacrificar sus pasiones con la condición de mantener la cabeza sobre el nivel de agua para lograr pagar por la universidad de sus hijos.

Sólo estaba ejecutando una ACCION SIN PASION, convirtiendo su vida, al mismo tiempo, en una cadena de incomodidades.

Unos meses después, cuando le estaba haciendo seguimiento a los resultados del seminario, me enteré que este caballero había renunciado a la empresa un par de semanas después del seminario y había abierto un Sport-bar, con mesas de juego de billar y acceso a internet gratis. El negocio estaba rodando muy bien y era atendido por él mismo.

Una vez que usted se ha asegurado que ha tocado esa fibra que todo vendedor lleva por dentro y la ha hecho vibrar, comience por hablarles sobre "La Venta Irreverente". Todos llevamos algo de irreverente por dentro, sólo lo debemos canalizar para sacarle provecho. En La Venta Irreverente aprenderán como poder potenciar su gestión para convertirse en el epicentro del Tsunami de resultados de ventas que diferencia a los líderes de los visionarios.

Conviértase en su consultor más confiable, y para eso, haga una rutina de la revisión de proyectos y de las visitas a oportunidades importantes en sus clientes.

El espacio ocupado por sus productos, sus soluciones y por usted mismo como profesional, en la mente de esta fuerza de ventas (Mindshare) es clave para lograr el efecto cascada de su mensaje hasta el cliente final.

Capture su corazón y su pasión. Conviértase en la persona a la que ellos acuden cada vez que encuentran un obstáculo en su proceso de ventas al momento de vender su solución…y asegúrese que usted tiene el tiempo disponible para atenderlos.

En una oportunidad recibí una llamada telefónica de un Gerente de Ventas de un asociado de negocios en Centroamérica, quien también era un buen amigo. El se había enterado por uno de sus ejecutivos de ventas que yo iba a estar de visita en el país la semana siguiente:

"Antonio cómo es posible que mis ejecutivos de ventas estén enterados de tus visitas primero que yo?" - me preguntaba

"Pues probablemente es porque tus ejecutivos de ventas me llaman por teléfono más a menudo que tú!" –le contesté

Yo siempre me aseguraba que <u>todos</u> los ejecutivos de ventas tuviesen mi información de contacto a mano y que me podían contactar cualquier cantidad de veces, a cualquier hora, 7 días a la semana. Para ellos no había Horario. Yo estaba allí para responder sus preguntas siempre.

Otra anécdota gratificante que me mostró que había capturado no sólo la atención de mi asociado de negocio sino también su compromiso incondicional, fue cuando uno de los gerentes de ventas me contó sobre la visita de uno de mis más fieros competidores en la región.

Este competidor básicamente le preguntó abiertamente:

"Yo sé que ustedes hacen buenos negocios con Antonio, por favor dígame que necesito hacer, ofrecerle o darle para que haga esos negocios conmigo?"

A lo cual mi amigo respondió:

"Antonio es un buen amigo que viene a visitarnos por lo menos cada dos meses, él sale a visitar clientes importantes con mis vendedores y los conoce a todos por nombre y apellido. En los últimos tres (3) años, esta es la segunda vez que usted está sentado aquí en mi oficina"

Este "Mindshare" es un elemento que necesita ganarse y además es algo que no puede pensar que se lo darán por el sólo hecho de que usted representa a tal ó cual empresa. Es la única forma que usted logrará que su Asociado de Negocios, lo siga en el Proceso de Transformación de Ventas de Software.

GRACIAS

El autor agradece altamente el tiempo que ha dedicado a la lectura de este libro y los conceptos presentados en este.

Es la intención del autor, activar en el lector la inquietud por experimentar caminos nuevos en su carrera de ventas, despertar esa personalidad irreverente que ha estado dormida, aletargada por convencionalismos y tradiciones que no le permiten abrirse a una nueva Escuela de Pensamiento de Ventas y al mismo tiempo mostrarle un proceso de transformación de la venta de software que lo ayudarán a incrementar la efectividad en su gestión de ventas.

www.ingramcontent.com/pod-product-compliance
Lightning Source LLC
Chambersburg PA
CBHW071436180526
45170CB00001B/370